CATALOGUE

D'UN

RICHE MOBILIER

MODERNE

TABLEAUX MODERNES

PAR

BARDU, BEAUQUESNE, CORDOUAN, GILBERT-MARTIN, HARPIGNIES, LAFON,
LHERMITTE, MALFROY, NATTERO, PASCAL,
PROTAIS, ROYBET, SIGNORET, VOLLON (A.), ETC., ETC.

BELLE ARGENTERIE DE TABLE ET DE TOILETTE

De style Louis XVI

(Soixante-deux kilos)

PORCELAINES, FAIENCES, OBJETS DE VITRINE

BRONZÉS D'ART, SCULPTURES

APPAREILS D'ÉCLAIRAGE

BEAUX LUSTRES

Très riches dentelles d'ameublement moderne, Broderies et Beau linge

BEL AMEUBLEMENT DE SALLE A MANGER EN BOIS DE ROSE ET DE VIOLETTE

ORNÉ DE BRONZES DE STYLE LOUIS XVI

Vitrines, Tables, Meubles en bois sculpté et doré, Petits Meubles marquetés
Armoires, Toilette

PIANO-CRAPAUD, de GAVEAU

En bois de rose et de violette orné de bronzes

Ameublement de salon en tapisserie d'Aubusson de style Louis XVI

SIÈGES DIVERS

BELLES TENTURES

Panneaux de tapisserie d'Aubusson Louis XVI

Dont la Vente aux enchères publiques aura lieu à Paris

HOTEL DROUOT, SALLE N° 1

LES LUNDI 13 ET MARDI 14 JUIN 1910

à deux heures

Me E. ORIGET
COMMISSAIRE-PRISEUR
3, boulevard de Sébastopol, 3

M. R. BLÉE
EXPERT
53, rue de Châteaudun

Chez lesquels se distribue le présent Catalogue.

EXPOSITION PUBLIQUE

Le Dimanche 12 Juin 1910, de 2 heures à 5 heures 1/2

13 Juin 1910

Riche Mobilier

MODERNE

TABLEAUX

BELLE ARGENTERIE

TAPISSERIES

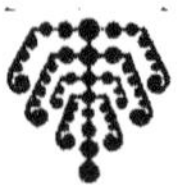

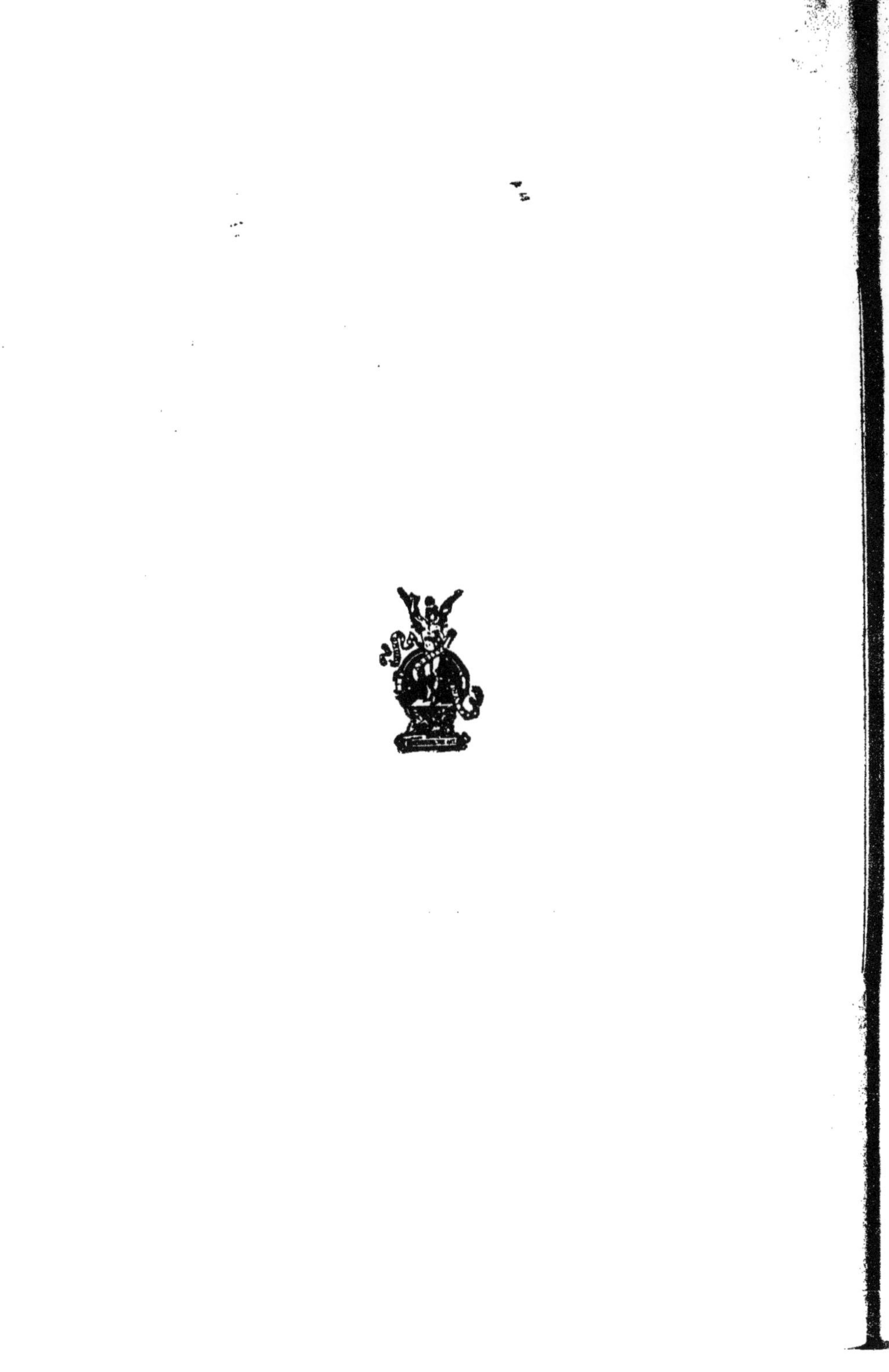

CATALOGUE

D'UN

RICHE MOBILIER

MODERNE

TABLEAUX MODERNES

PAR

BARDU, BEAUQUESNE, CORDOUAN, GILBERT-MARTIN, HARPIGNIES, LAFON,
LHERMITTE, MALFROY, NATTERO, PASCAL,
PROTAIS, ROYBET, SIGNORET, VOLLON (A.), ETC., ETC.

BELLE ARGENTERIE DE TABLE ET DE TOILETTE

De style Louis XVI

(Soixante-deux kilos)

PORCELAINES, FAIENCES, OBJETS DE VITRINE

BRONZÉS D'ART, SCULPTURES

APPAREILS D'ÉCLAIRAGE

BEAUX LUSTRES

Très riches dentelles d'ameublement moderne, Broderies et Beau linge

BEL AMEUBLEMENT DE SALLE A MANGER EN BOIS DE ROSE ET DE VIOLETTE

ORNÉ DE BRONZES DE STYLE LOUIS XVI

Vitrines, Tables, Meubles en bois sculpté et doré, Petits Meubles marquetés
Armoires, Toilette

PIANO-CRAPAUD, de GAVEAU

En bois de rose et de violette orné de bronzes

Ameublement de salon en tapisserie d'Aubusson de style Louis XVI

SIÈGES DIVERS

BELLES TENTURES

Panneaux de tapisserie d'Aubusson Louis XVI

Dont la Vente aux enchères publiques aura lieu à Paris

HOTEL DROUOT, SALLE N° 1

LES LUNDI 13 ET MARDI 14 JUIN 1910

à deux heures

Mᵉ E. ORIGET	M. R. BLÉE
COMMISSAIRE-PRISEUR	EXPERT
3, boulevard de Sébastopol, 3	53, rue de Châteaudun

Chez lesquels se distribue le présent Catalogue.

EXPOSITION PUBLIQUE

Le Dimanche 12 Juin 1910, de 2 heures à 5 heures 1/2

CONDITIONS DE LA VENTE

Elle sera faite au comptant.

Les adjudicataires paieront *dix pour cent* en sus des enchères.

L'exposition mettant le public à même de se rendre compte de l'état et de la nature des objets, aucune réclamation ne sera admise une fois l'adjudication prononcée.

Paris. — Imp. de l'Art, Ch. Berger, 41, rue de la Victoire.

DÉSIGNATION

TABLEAUX, MINIATURES

BARDU

1 — *Paysage.*

Toile. Signée.

BEAUQUESNE (W.)

2 — *Épisode de Saint-Privat (?).*

Panneau. Signé et daté : *décembre 1892.*

Haut., 335 millim.; larg., 27 cent.

CORDOUAN (V.)

3 — *Paysage au bord de la mer.*

Pastel. Signé en bas à gauche et daté : *1875.*

Haut., 53 cent.; larg., 36 cent.

GILBERT-MARTIN

4 — *Nature morte : Huîtres, plat, bouteille et verre.*

Toile. Signée en bas à droite.

Haut., 38 cent.; larg., 46 cent.

HARPIGNIES

5 — *Petit Paysage avec cours d'eau.*

Toile. Signée en bas à gauche et datée : *1908*.

Haut., 16 cent.; larg., 22 cent.

LAFON

6 — *Diane chasseresse.*

Toile. Signée.

LHERMITTE

7 — *Les Bottes de blé en javelles.*

Paysage au pastel sur carton.
Signé en bas à gauche.

Haut., 24 cent.; larg., 32 cent.

MALFROY

8 — *Paysages : Effet de lune; Vue de Venise.*

Deux pendants. Toiles. Signées.

NATTERO (L.)

9 — *Marine.*

Toile. Signée.

PASCAL (P.)

10 — *Sur la terrasse à Tanger.*

Gouache. Signée à gauche et datée : *1897*.

Haut., 31 cent.; larg., 44 cent.

PASCAL (P.)

11 — *Paysage d'Afrique.*

Gouache. Signée à gauche et datée : *1898.*

Haut., 30 cent.; larg., 20 cent.

PROTAIS

12 — *Paysage.*

Toile. Signée.

ROYBET (F.)

13 — *Les Buveurs.*

Toile. Signée en haut à droite.

Haut., 32 cent.; larg., 40 cent.

SIGNORET (Ch.)

14 — *Jeune Femme et amour.*

Toile. Signée.

SIMON-DURAND

14 *bis* — *Un Conseil de famille.*

Composition spirituelle à nombreux personnages. Signé à gauche et daté : *1889.*

Haut., 1 m. 03 cent.; larg., 1 m. 29 cent.

VOLLON (Antoine)

15 — *La Route à Bessancourt.*

Panneau. Haut., 50 cent.; larg., 60 cent,

VOLLON (A.)

16 — *Bouquets de roses et bleuets.*

Toile. Signée en bas à droite : *Au Docteur Berp* (?), *A. Vollon.*

Haut., 46 cent.; larg., 55 cent.

VOLLON (A.)

17 — *Nature morte.*

Sur une table et dans un grand plat en porcelaine du Japon sont groupés un melon, des pêches, des raisins, des prunes, etc.; à côté, un vase-bouteille en porcelaine bleue et divers petits objets.

Signée en bas à gauche : *A. Vollon.*

Toile. Haut., 80 cent. ; larg., 90 cent.

(*Salon 1887.*)

ÉCOLE ITALIENNE

18 — *Le Carnaval.*

Composition de trois personnages masqués et jouant de la musique.

Toile.

ÉCOLE FRANÇAISE

19 — *Miniature rectangulaire : Pastorale.*

Cadre en bois sculpté et doré.

ARGENTERIE

20 — Deux cendriers en vermeil et émail russe.

21 — Petit plateau rectangulaire en argent ciselé, de style Louis XVI.

22 — Deux plateaux-cendriers en argent ciselé, de style Louis XVI.

23 — Corbeille à pain en argent ciselé ajouré, de style Louis XVI.

24 — Encrier en cristal taillé, bouchon en argent ciselé, de style Louis XVI.

25 — Petit déjeuner tête-à-tête, comprenant : un plateau, une théière, une cafetière, un sucrier, un pot à crème en argent ciselé, à décor de feuilles.

26 — Glace à chevalet, cadre ciselé et argenté, de style Louis XVI.

27 — Trois carafes à vin en cristal taillé, bases et bouchons en argent ciselé, de style Louis XVI.

28 — Broc à champagne en cristal taillé, garniture en argent ciselé, de style Louis XVI.

29 — Aiguière en cristal taillé, garniture en argent, de style Louis XVI.

30 — Coupe à rafraîchir en cristal taillé, garniture en argent, de style Louis XVI.

31 — Boite rectangulaire en cristal gravé, à décor de fleurs, couvercle en argent ciselé.

32 — Jeu de brosse et garniture de toilette, comprenant : une glace, six brosses, polissoire, un tire-boutons, deux ouvre-gant, un petit plateau ; le tout garni d'argent ciselé. Style Louis XVI.

33 — Glace face à main en argent gravé.

34 — Deux cuvettes et un broc en cristal taillé à côtes, garniture en argent ciselé à baguettes nouées de rubans feuilles d'acanthe, etc. Style Louis XVI.

35 — Garniture de toilette, comprenant : six flacons, un vaporisateur, quatre boites rondes et rectangulaires en cristal taillé, bouchons et garnitures en argent, de style Louis XVI.

36 — Important service d'argenterie de table à baguettes nouées de rubans et ornementé de feuilles finement ciselées, de style Louis XVI, comprenant : vingt-quatre grandes fourchettes, douze grandes cuillères, douze services à poisson, vingt-quatre petits couverts à entremets, douze fourchettes à escargot, douze fourchettes à huitre, une louche, une cuillère à légume,

deux cuillères à ragout, un couteau et une fourchette à poisson, un couvert à salade, quatre pièces (service à découper, manche à gigot et fusil.)

37 — Pince à asperge en argent.

38 — Six coquetiers et six cuillères en argent.

39 — Quatre pièces : service à hors-d'œuvre, en argent.

40 — Couteau à fromage en argent.

41 — Pelle à sucre en argent.

42 — Pelle à fraise en argent.

43 — Vingt-quatre grands couteaux de table en argent, lames en acier.

44 — Douze petits couteaux de table en argent, lames en acier.

45 — Douze petits couteaux à fruit en argent, lames en argent.

46 — Douze brochettes en argent.

47 — Ramasse-miettes et sa pelle en argent.

48 — Dessous de plat à coulisses en argent.

49 — Soupière à anses et son couvercle en argent.

50 — Légumier à deux anses et son couvercle en argent.

51 — Plat long à poisson en argent.

52 — Deux plats ovales en argent.

53 — Deux plats ronds en argent.

54 — Plat creux rond en argent.

55 — Deux saucières à plateaux adhérents et deux cuillères à sauce en argent.

56 — Quatre dessous de carafes en argent.

57 — Corbeille ovale à pain en argent.

58 — Plat à asperge en argent.

59 — Six assiettes plates en argent.

60 — Six tasses à thé et leur soucoupe en argent.

61 — Six tasses à café et leur soucoupe en argent.

62 — Six casseroles à crème et petits plateaux en argent.

63 — Six petites salières reposant sur quatre pieds, un moutardier, un poivrier même modèle et sept petites cuillères en argent.

64 — Deux salières bout de table en argent.

65 — Porte-huilier en argent.

66 — Douze porte-couteaux ciselés à pommes de pins, rubans et feuilles en argent. Style Louis XVI.

67 — Trois porte-menu en argent ciselé ornés de vases de fleurs, rubans et consoles. Style Louis XVI.

68 — Deux coupes rondes à fruits en argent, à piédouche.

69 — Quatre coupes à gâteau en argent, en forme de coquille.

70 — Deux grandes coupes à fruits en argent, sur pied.

71 — Coupe à fruits rafraîchis en argent.

72 — Petit bol à glace en argent.

73 — Petite casserole en argent, manche en ivoire.

74 — Surtout de table, formant plateau à hors-d'œuvre, en acajou, garni d'argent ciselé, reposant sur quatre pieds-consoles et à deux anses fixes style Louis XVI, avec plateau en cristal et boite à épices au centre, en cristal taillé et couvercle en argent ciselé.

75 — Important service, comprenant : grand plateau à deux anses, samovar et son pied porte-lampe, chocolatière, théière, cafetière, sucrier, pot à crème, boite à thé, poudriére à sucre; joli modéle en argent finement ciselé, à baguettes et feuilles d'acanthe et reposant sur quatre pieds-consoles.

76 — Important panier à fleurs en argent repoussé, ciselé et maté, à décor de baguettes, guirlandes et feuilles d'acanthe, de style Louis XVI.

77 — Joli seau à champagne en argent ciselé, décoré de deux têtes de béliers, guirlandes de laurier, feuilles, baguettes et médaillons, de style Louis XVI.

78 — Décor de table, composé de quatre statuettes d'enfants nus figurant les quatre saisons, en argent finement ciselé et patiné. Signées : *Emile Guillaume* et datées : *1897*.

PORCELAINE, FAIENCE,

OBJETS DIVERS

79 — Groupe de Vénus et Amour assis sur un tertre. Porcelaine de Frankenthal.

80 — Statuette de jeune femme assise, jouant de la cithare, en porcelaine d'Allemagne. Socle-terrasse en bronze ciselé et doré. Style Louis XV.

81 à 130 — Sous ce numéro : environ cinquante objets de vitrine ou d'étagère, tels que : Groupes, statuettes, vases, figurines, coupes, boites, etc. en porcelaine française ou étrangère, émail peint, ivoire, etc. (Sera divisé.)

131 — Grand vase porte-bouquet en cristal, à décor fleuri, de *Gallé*.

132 — Tigre en porcelaine de Copenhague.

133 — Deux vases forme Médicis, à deux anses fixes, en porcelaine genre Compagnie des Indes.

134 — Encrier sur plateau adhérent en porcelaine de Dresde, monture en bronze ciselé et doré.

135 — Boite-bonbonnière en porcelaine genre de Sèvres.

136 — Groupe de deux personnages Directoire en porcelaine genre ivoire.

137 — Cache-pot-baratte en porcelaine de Saxe, décor de semis de fleurs.

138 — Paire de potiches en porcelaine genre Chine, à décor Kien-lung et leur couvercle. Bases et cols en bronze ciselé et doré. Style Louis XVI.

139 — Paire de grands vases-balustres à couvercle et deux anses fixes en faïence, décor genre Moustiers.

140 — Thermomètre-baromètre doré, de style Louis XVI.

141 — Baromètre doré, de style Empire.

142 — Recueil de 205 planches et un frontispice en noir, par Franz-Edmond Weirotter, représentant des paysages, vues de France, Italie, Hollande, etc. Reliure en veau doré au petit fer.

BRONZES D'ART, SCULPTURES

143 — Petit buste de femme en ivoire sculpté, coiffée d'un hennin et vêtue d'une robe en argent ciselé. Base rectangulaire en marbre. Signé : *E. Bernaud.*

144 — Autre petit buste de femme en ivoire sculpté, coiffure et vêtement en argent ciselé. Socle en lapis-lazuli. Signé : *E. Bernaud.*

145 — Petite statuette de patineuse en bronze ciselé et doré, face en ivoire sculpté. Signée : *Sosson.*

146 — Statuette de vieux savant en ivoire sculpté. Travail japonais.

147 — Petit cachet en bronze ciselé et doré, à figure d'Amour. Signé : *L. Madrassi.*

148 — Garniture de bureau en cuivre ciselé et doré, comprenant : encrier, classeur, plumier.

149 — Deux bronzes patinés : L'Enfant aux raisins, L'Enfant au nid. Signés : *Boucher.* Bases en marbre rouge.

150 — Buste : Fille de Bohême, en bronze patiné. Signé : *Villains.*

151 — Statue en bronze ciselé et patiné : Mignon. Signé : *Math. Moreau.*

152 — Lampe électrique, formée d'une femme nue, en bronze patiné, de *Don Van den Bossche.* Base en marbre vert.

153 — Deux candélabres, formés chacun d'un vase en marbre blanc à guirlandes de fleurs et anses fixes, en bronze ciselé et doré, bouquet de cinq lumières également en bronze doré. Base en marbre blanc. Style Louis XVI.

154 — Buste de femme en marbre blanc sculpté, style Louis XVI, sur piédouche en marbre veiné.

155 — Buste de jeune fille en marbre blanc sculpté : L'Extase, de *Delagrange*.

156 — Petite garniture de cheminée en marbre blanc et bronzes ciselés et dorés : Amours, rinceaux de style Louis XVI.

157 — Grande lampe électrique à tige balustre en bronze, ciselée et dorée, composée de deux amours supportant le bouquet de trois lumières. Base circulaire en marbre blanc agrémenté de guirlandes de fleurs et entrelacs. Style Louis XVI. Abat-jour en tulle brodé et dentelle.

158 — Pendule en marbre blanc, à figures de Vénus et d'Amours, en bronze ciselé et doré, d'après *Falconet*. Base ornée d'un bas-relief représentant des jeux d'amours et rinceaux fleuris. Style Louis XVI.

159 — Paire de cassolettes, formées d'un brûle-parfum trépied en marbre blanc et bronze ciselé et doré, de style Louis XVI.

APPAREILS D'ÉCLAIRAGE

BRONZE, CRISTAL

160 — Lampe électrique et abat-jour en cristal teinté, décoré de paysages, de *Gallé*.

161 — Lanterne d'antichambre en cristal biseauté et bronze doré. Style Louis XVI.

162 — Petit lustre électrique, en forme de carquois, en bronze ciselé et doré, de style Louis XVI.

163 — Applique électrique à quatre lumières en bronze ciselé et doré, de style Louis XVI.

164 — Joli lustre électrique en bronze doré, à résille de perles et pendeloques de cristal, de style Louis XVI.

165 — Petit lustre électrique, forme corbeille, en bronze ciselé, de style Louis XVI.

166 — Petit lustre électrique en bronze ciselé et doré, de style Louis XVI, contenant une petite statuette d'Amour en porcelaine.

167 — Important lustre électrique en bronze ciselé et doré, de style Louis XVI.

168 — Deux appliques électriques en bronze ciselé et doré, de style Louis XVI.

169 — Deux candélabres électriques à trois lumières en bronze ciselé et doré, de style Louis XVI.

MOBILIER

170 — Fût de colonne cannelée, peinte de ton marbré, agrémentée de deux guirlandes de fleurs en bois sculpté et doré, de style Louis XVI.

171 — Grand porte-manteau en noyer sculpté, à glace centrale et porte-chapeaux en cuivre. Style Louis XVI.

172 — Petite table-rognon en bois de rose. Style Louis XV.

173 — Petite table-bureau en marqueterie de bois de rose et de violette, de style Louis XV.

174 — Table-jardinière oblongue en bois sculpté et doré, de style Louis XVI. Dessus en marbre veiné blanc,

175 — Console d'entre-deux, appliquée sur une glace surmontée d'un médaillon peint; bois sculpté peint en blanc rehaussé d'or. Style Louis XVI. Dessus en marbre veiné blanc.

176 — Casier à musique vitrine et ouvrant à deux portes en bois sculpté et doré et fonds cannés, reposant sur quatre pieds. Style Louis XV.

177 — Table rectangulaire de salon en bois sculpté et doré, à quatre pieds cannelés reliés par un croisillon supportant un vase à son milieu. Style Louis XVI. Marbre veiné blanc.

178 — Vitrine haute en acajou, ouvrant à une porte à glace et panneau décoré d'une marqueterie en bois de rose et de violette, côtés galbés à glace; ornements, chutes, sabots et moulures en bronze ciselé et doré. Dessus en marbre veiné. Style Louis XV.

179 — Autre vitrine basse en acajou, ouvrant à une porte centrale à glace et panneau de marqueterie en bois de rose et de violette, côtés galbés à glace; ornements, chutes, sabots et moulures en bronze ciselé et doré. Style Louis XV. Dessus de marbre veiné blanc.

180 — Bibliothèque à deux portes, en partie vitrée, en bois de rose et satiné.

181 — Riche ameublement de salle à manger en acajou et bois de rose, à panneaux ornés de bouquets fleuris en marqueterie de style Louis XVI, comprenant : table à thé, table ovale à pieds reliés par un croisillon, buffet-dressoir à deux portes et dessus de marbre blanc veiné noir, vitrine-argentière ouvrant à une porte à glace, desserte à dessus de marbre blanc veiné et fond de glace étamée, bahut à deux portes contenant à l'intérieur une série de tiroirs gainés pour l'argenterie, à dessus de marbre veiné surmonté d'une vitrine rectangulaire en glace et bronze doré, huit chaises cannées à lambrequins et coussins en velours crème à

rayures, deux fauteuils cannés à lambrequins et coussins de velours crème à rayures, grand fauteuil canné.

Cet ameublement est d'un travail très soigné et d'une exécution parfaite.

182 — Bureau à étagère et caisse en bois sculpté d'art moderne.

183 — Vitrine à une porte en bois de luxe sculpté d'art moderne.

184 — Armoire ouvrant à deux portes en noyer sculpté, à corbeilles, raies de cœur, etc., époque Louis XVI; à l'intérieur, les portes sont garnies de glaces étamées.

185 — Grande toilette en bois peint, ouvrant à deux portes; dessus en onyx creusé et glace duchesse.

186 — Grande armoire-lingerie, ouvrant à trois portes, dont celle du centre à glace et celles des côtés à grillages de cuivre, dans les parties supérieures. Ce meuble en bois sculpté et peint blanc contient à l'intérieur des planches et une série de tiroirs à l'anglaise. Style Louis XVI.

PIANO

187 — Beau piano-crapaud Gaveau, à caisse en bois de rose et de violette, ornée de bronzes ciselés à raies de cœur. Style Louis XVI.

SIÈGES, ÉCRAN, PARAVENT

AMEUBLEMENT DE SALON EN TAPISSERIE

188 — Fauteuil en bois sculpté fond canné, de style Louis XVI.

189 — Deux chaises volantes en bois sculpté peint en blanc, de style Louis XV; coussin en velours.

190 — Bergère en bois sculpté et doré, recouverte de velours épinglé œil de perdrix. Style Louis XVI.

191 — Chaise-chauffeuse à haut dossier en bois sculpté d'une corbeille fleurie et attributs champêtres et doré, siège recouvert de soie. Style Louis XVI.

192 — Deux petits tabourets de pieds en bois sculpté et doré, de style Louis XV, recouverts de velours ou soierie.

193 — Banquette de piano à deux places en bois sculpté et doré, cannée et coussin en velours. Style Louis XVI.

194 — Divan en bois sculpté, recouvert de velours frappé vert et trois coussins.

195 — Deux grands fauteuils en noyer sculpté, de style Louis XIII, recouverts de peau vert olive.

196 — Fauteuil de bureau en bois sculpté et peau vert olive.

197 — Deux chaises en bois sculpté d'art moderne, recouvertes de peau vert olive.

198 — Canapé, forme corbeille, en bois sculpté et doré, à fonds cannés garnis de lambrequins et d'un coussin en velours épinglé œils de perdrix. Style Louis XVI.

199 — Ameublement de salon en bois sculpté et doré, recouvert de tapisserie d'Aubusson très fine, à médaillons ornés de personnages ou d'animaux sur fond crème, de style Louis XVI, comprenant : un canapé à coins arrondis à joues et quatre fauteuils.

200 — Écran en bois sculpté et doré, garni d'une feuille de tapisserie très fine d'Aubusson, présentant un sujet pastoral. Style Louis XVI.

201 — Paravent à trois feuilles montées en bois sculpté et doré et garnies de soie brodée au passé de motifs et corbeilles fleuries. Style Louis XVI.

LINGE, BRODERIES, DENTELLES

202 — Neuf fonds de plateaux ou têtières en batiste entourée de dentelles des Flandres, Milan, etc. (Sera divisé.)

203 — Sept petits ronds en batiste et dentelle pour dessous de carafes.

204 — Quatorze grands ronds en batiste et dentelles diverses pour fonds de plat. (Sera divisé.)

205 — Six petits tapis en batiste garnis de dentelles des Flandres, Milan, etc.

206 — Deux cadres à chevalets, garnis sur la face d'un encadrement de dentelle de Venise, à petits personnages et motifs fleuris.

207 — Tapis en dentelle de Gênes.

208 — Volant en dentelle de Venise.

209 — Dix enveloppes de coussins en batiste finement brodée et garnies de dentelles diverses : Duchesse, Valenciennes, broderie, etc. (Sera divisé.)

210 — Têtière en forme en dentelle de Venise.

211 — Six tapis rectangulaires ou carrés en batiste, garnie de dentelles des Flandres, Milan et autres. (Sera divisé.)

212 — Deux têtières en toile brodée et carrés de Venise.

213 — Quatre petits tapis de coins arrondis en filets et broderie sur tulle.

214 — Sept tapis composés de carrés de filet ou de Venise, à petits personnages ou animaux, d'entre-deux et de dentelle de Venise. (Sera divisé.)

215 — Deux bandeaux, formant tapis de cheminée, garnis de dentelles des Flandres, Duchesse, etc.

216 — Nappe à thé et douze serviettes en toile, garnies de Milan.

217 — Nappe et six serviettes à thé en toile brodée à fleurs.

218 — Nappe à thé et douze serviettes en toile brodée d'un bouquet noué et jour.

219 — Six nappes, douze grandes serviettes et douze serviettes à thé en toile granitée à jour.

220 — Douze serviettes de toilette à entre-deux et carrés de Venise.

221 — Douze serviettes de toilette en toile brodée et incrustée de petits ronds de Venise.

222 — Vingt-quatre serviettes de toilette en toile à jour. (Sera divisé.)

223 — Douze serviettes à thé en toile brodée et jour de Venise.

224 — Trois grandes nappes richement brodées ou garnies de dentelles. (Sera divisé.)

225 — Trente serviettes de table en toile brodée. (Sera divisé.)

226 — Douze serviettes de table et douze serviettes à thé en toile brodée à fleurs et jour.

227 — Dix-huit serviettes à thé, garnies de dentelles. (Sera divisé.)

228 — Nappe ovale en toile brodée à fleurs incrustée de motifs en Venise, entre-deux et volant en Milan et filet.

229 — Tapis rond en toile à entre-deux de Cluny et volant de Venise.

230 — Riche nappe ovale en toile brodée de vases et rinceaux fleuris, incrustée de motifs de filet décorés de vases, etc., volant de Milan.

231 — Deux tapis en forme composés de carrés de filets de Venise, entre-deux et toile brodée à fleurs.

232 — Tapis semi-circulaire en filet à chimères et dentelle de Venise.

233 — Quatre petits tapis demi-circulaires à motifs en toile, brodés ou Venise.

234 — Dessus de banquette en dentelle point de Milan.

235 — Belle garniture de lit, comprenant : grand drap, deux taies d'oreillers, enveloppe de traversin en toile, ornée d'entre-deux et de volants de Valenciennes.

236 — Très riche garniture de lit, comprenant : drap, deux taies d'oreillers, enveloppe de traversin, en toile ornée de belle dentelle des Flandres à décor d'oiseaux et de fleurs.

237 — Très riche dessus de piano crapaud, orné au centre d'un filet à important motif d'attributs de la musique, carquois et corbeille fleurie, entouré d'une belle dentelle de Venise à relief.

238 — Tapis rectangulaire en filet à rinceaux fleuris, incrusté au centre d'un médaillon et orné d'entre-deux et de bordure en Venise.

239 — Riche dessus de lit en soie recouvert de tulle, incrusté de dentelle et de broderie, décoré au centre d'un médaillon orné de roses et autour de festons fleuris ; les volants sont décorés de rinceaux et motifs en broderie fleuris.

240 — Deux coussins en soie brodée de corbeilles fleuries et fleurettes. Style Louis XVI.

241 — Deux coussins en soie verte, recouverts de filets à personnage et point à l'aiguille.

242 — Deux coussins en soie brodée de motifs fleuris, de style Louis XVI.

TENTURES, TAPISSERIE

243 — Tenture de baie en soie brochée, comprenant deux grands rideaux et un lambrequin à franges.

244 — Suite de trois panneaux en tapisserie d'Aubusson, à décor de médaillons ornés de scènes pastorales sous des guirlandes de fleurs de ton bleu sur fond crème. Bordure encadrement à rubans bleus fleuris. Époque Louis XVI.

245 — Deux riches décors de fenêtres en bois sculpté à guirlandes de fleurs, peints en blanc et quatre rideaux en damas de soie fond rose et rubans blancs brochés. Style Louis XVI.

246 — Quatre grands rideaux en tulle et dentelle et embrasses.

247 — Sous ce numéro : Meubles et objets mobiliers divers. (Sera divisé.)

248 — Objets omis au présent catalogue.

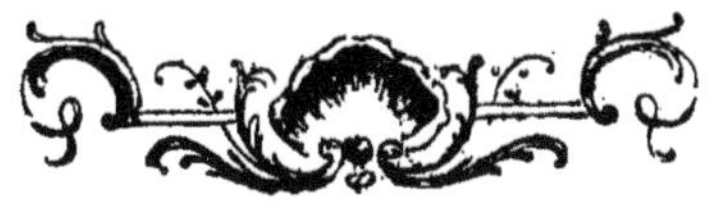

www.ingramcontent.com/pod-product-compliance
Ingram Content Group UK Ltd.
Pitfield, Milton Keynes, MK11 3LW, UK
UKHW020514180726
13839UKWH00005B/2072